U0628520

QINGSHAONIAN
XIHUANKAN DE
NAOJIN JIZHUANWAN

青少年喜欢看的脑筋急转弯

本书编写组◎编

世界图书出版公司
广州·北京·上海·西安

图书在版编目（CIP）数据

青少年喜欢看的脑筋急转弯 /《青少年喜欢看的脑筋急转弯》编写组编．—广州：广东世界图书出版公司，2010. 8（2024.2 重印）
ISBN 978 - 7 - 5100 - 2594 - 5

Ⅰ. ①青… Ⅱ. ①青… Ⅲ. ①智力游戏 - 青少年读物 Ⅳ. ①G898. 2

中国版本图书馆 CIP 数据核字（2010）第 160406 号

书　　名	青少年喜欢看的脑筋急转弯 QINGSHAONIAN XIHUAN KAN DE NAOJIN JIZHUANWAN
编　　者	《青少年喜欢看的脑筋急转弯》编写组
责任编辑	张梦婕
装帧设计	三棵树设计工作组
出版发行	世界图书出版有限公司　世界图书出版广东有限公司
地　　址	广州市海珠区新港西路大江冲 25 号
邮　　编	510300
电　　话	020-84452179
网　　址	http://www.gdst.com.cn
邮　　箱	wpc_gdst@163.com
经　　销	新华书店
印　　刷	唐山富达印务有限公司
开　　本	787mm × 1092mm　1/16
印　　张	13
字　　数	160 千字
版　　次	2010 年 8 月第 1 版　2024 年 2 月第 10 次印刷
国际书号	ISBN　978-7-5100-2594-5
定　　价	49.80 元

前 言

在学习生活中，我们往往被自身固有的思维模式所左右，当遇到的问题在既有的思维模式中无法解决时，问题就立刻转变成困难而让我们无所适从。这时，我们必须灵活地转换思路，从另外的角度去分析解决问题，这需要我们在平时的学习中培养出灵活敏捷的思维习惯。可在纷繁的生活学习中，怎样才能轻松愉快地训练思维、提高大脑反应速度呢?

近年来大众文化中兴起了一种训练思维能力和反应能力的智力游戏，它突破了传统的谜语的固有形式，使答题者可以在无限定的范围里尽情发挥思维能力，从多角度分析问题，从而训练答题者灵活、自由的思维。它就是脑筋急转弯。

脑筋急转弯最早起源于古代印度。顾名思义，“脑筋”广泛指思维、思路。“急转弯”是指当前面有障碍物使车不能按照直线行驶时要往别的路线开，急转弯通常是有特殊情况的时候，需要很快离开习惯路线，从别的路线走。脑筋急转弯就是指当思维遇到特殊障碍时，要很快地离开习惯的思路，从别的方面来思考问题。现在泛指一些不能用通常思路来回答的的智力问答题。它既是种娱乐方式，也是种大众化的文字智力游戏。这种文字游戏有明显的特点，其题面很普通，答案却往往出人意料，常常使答题者绞尽脑汁也难解它的意思，等知晓答案时才恍然大悟，豁然开朗。多

答脑筋急转弯能打开我们的思路，让我们从固有的思维模式中跳出来，从而训练我们的发散思维、逆向思维和扩散思维，使脑袋越来越灵活。不仅如此，脑筋急转弯还能开发智力，激活脑细胞，让大脑得到锻炼，提高想象力。

本书收集了上千条题目，题目内容涉及广泛，符合青少年的思维能力。真切地希望朋友们通过阅读此书从而提升自身的思维能力和智力。

编 者

吃苹果时，咬下一口，竟发现一条虫，觉得好可怕；看到两条虫，也觉得好可怕；看到几条虫，才让人觉得最可怕？

动物园中，大象鼻子最长，鼻子第二长的是什么？

一只凶猛的饿猫，看到老鼠，为何拔腿就跑？

答案

注：答案请见下一页。

一次宴会上，一对夫妻与客人共握手 48 次，请问这次宴会上共有多少人？

教师给学生们布置写作文，题目是“假如我是一位经理”。绝大部分学生马上埋头写作，唯有一位男生操着手，靠在椅子上，无动于衷。老师问他为什么不写，他给了一个令人哭笑不得的回答。你知道是什么吗？

答案

半条，说明另外半条已在你的肚子里

小象

跑去追老鼠

请问什么狗不会叫？

什么地方物品售价越高，客人就越高兴？

好与坏的中间是什么？

为什么白鹭总是缩着一只脚睡觉？

答案

26人

我在等秘书

进动物园看到的第一个动物是什么？

两只狗赛跑，甲狗跑得快，乙狗跑得慢，跑到终点时，请问哪只狗出汗多？

有种动物，大小像只猫，长相又像虎，这是什么动物？

期末考，小芳一题都不会写，但她突然眼睛一亮，开始奋笔疾书。为什么呢？

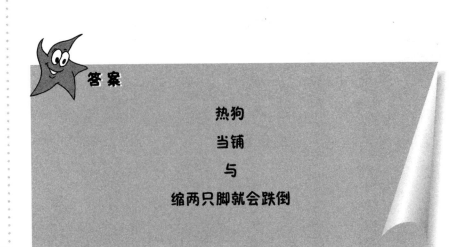

答案

热狗

当铺

与

缩两只脚就会跌倒

猴子每分钟能掰一个玉米，在果园里，一只猴子5分钟能掰多少个玉米？

什么东西比乌鸦更让人讨厌？

一个人无法做，一群人做没意思，两个人做刚刚好，请问是什么事？

答案

售票员

狗不会出汗

小老虎

她在写班级、座号、姓名

为什么青蛙可以跳得比树高？

阿明被蚊子咬了一大一小两个包，请问较大的包是公蚊子咬的还是母蚊子咬的？

什么英文字母最多人喜欢听呢？

答案

没掰到一个，因为果园里不种玉米

乌鸦嘴

说悄悄话

什么动物你打死了它，却流了你的血？

哪里的佛像最少？

什么字全世界通用？

什么东西是大力士永远都无法举起的？

答案

因为树不会跳

公蚊是不咬人的

CD

有一头头朝北的牛，它原地向右转转三圈，然后向后转三圈，接着再往右转一圈，请问这时候它的尾巴朝什么方向？

两只老虎打架，为什么非要拼个你死我活、绝不罢休呢？

大象的左耳朵像什么？

答案

蚊子

南边，因为“南无阿弥陀佛”

阿拉伯数字

他自己

猪的全身都是宝，肉可吃，皮可做皮包，毛可制刷子，请问猪对人类还有什么用处？

一只鸡和一只鹅同时放冰箱里，鸡冻死了，鹅却活着，为什么？

什么鸡没有翅膀？

答案

朝下

因为没人敢去劝架

它的右耳朵

被鳄鱼和鲨鱼咬后的感觉有什么不同?

什么书谁也没见过?

有一种东西，买的人知道，卖的人也知道，只有用的人不知道，请问是什么东西?

为什么一群狼中有一只羊?

答案

猪还可以用来骂人

鹅是企鹅

田鸡

蜗牛从上海到北京只用了一分钟，为什么？

鸭蛋一打有多少个？

有一种牛皮最容易被戳穿，请问是什么牛皮？

什么样的河人们永远也渡不过去？

答案

没有人知道

天书

棺材

“群”字的一半是“羊”

牛的舌头和尾巴在什么时候能遇在一起？

为什么彤彤与壮壮第一次见面就一口咬定壮壮是喝羊奶长大的？

猎豹和狮子在草原上进行百米赛跑，如果从同一起点起跑，猎豹跑到一百米终点时，狮子只跑到 90 米，现在让猎豹从起点退后 10 米起跑，那么它们谁先到达终点呢？

答案

因为它是在地图上爬

没了，都打碎了

吹牛皮

银河

谁最喜欢咬文嚼字？

为什么好马不吃回头草？

象棋与围棋的区别是什么？

神童们都是凭什么考进名校的？

答案

做成一道菜的时候

因为壮壮是只羊

猎 豹

请问比细菌还小的是什么东西?

王先生养了一只很漂亮的孔雀，有一天，王先生的孔雀在张先生的花园里生了一只蛋，请问这只蛋应该属于谁?

小明只会花钱，天天花很多钱，可最后却成了百万富翁，为什么?

答案

蛀书虫

因为后面的草被吃完了

象棋越下越少，围棋越下越多

凭手和脑

什么时候四减一会等于五？

一个人被老虎穷追不舍，突然前面有一条大河，他不会游泳，但他却过去了，为什么？

黑鸡厉害还是白鸡厉害？为什么？

答案

细菌的儿子

孔雀的

因为他以前是亿万富翁

一只小鸟正在飞，猎人对它说了句话，小鸟掉下来了，你猜猎人说了什么？

一只母羊和一只小羊正在吃草，来了一只老狼把母羊给叼走了，小羊也乖乖地跟走了，请问怎么回事？

动物园的大象死了，为什么管理员哭得那么伤心？

答案

四个角切掉一个角的时候

他晕过去了

黑鸡，因为黑鸡能生白蛋，白鸡却不能生黑蛋

美丽的公主结婚以后就不挂蚊帐了，为什么？

阿勇做事总是拖泥带水，但上级部门总表扬他，这是为什么呢？

电线杆上3只麻雀正在打架，其中一只不小心掉下来了，为什么其他两只也跟着掉下来？

答案

你的翅膀掉毛了

因为小羊在母羊的肚子里

因为他要挖很大一个坑

琼斯说杰米写的诗是从书上偷来的，杰米却不承认，他的理由是什么？

如果苹果没落在牛顿头上，会落在哪里呢？

什么牛不会吃草？

“水蛇”、“蟒蛇”、“青竹蛇”哪一个比较长？

答案

因为她嫁给青蛙王子了

阿勇是泥瓦匠

另外两只拍手叫好的时候掉下来的

一只蚂蚁从几百万米高的地方落下来，会怎么死？

在河的一岸有一只蚕，在河的对岸有一片桑树，这条河水面宽一公里，却没有一座桥，请问这只蚕如何才能过到河对岸去吃到桑叶？

答案

诗还在书上

地上

蜗牛

青竹蛇（三个字）

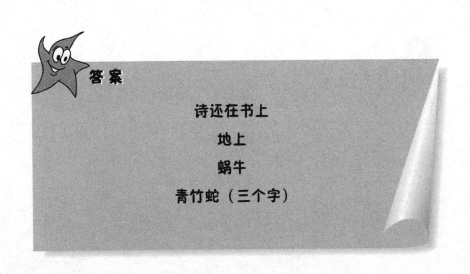

小花站起来同饭桌一样高，两年之后，还能在桌子下活动自如，为什么？

李老板养了一些红金鱼和黑金鱼，他发现红金鱼吃掉的鱼食是黑金鱼的2倍，这是什么原因呢？

有一天，一班学生正在小考，有一个学生答出了正确答案，为什么老师还是批评了他？

什么蛋人们一定要好好保护？

答案

饿死

变成蛾之后

把一只大象装进冰箱需要几步？

有一座独木桥，桥的一端有一只老虎正准备过桥，桥的另一端有一只狼也准备过桥，在桥中间有一只羊正在过桥，请问羊怎么过去的？

什么鱼不能吃？

答案

小花是条狗

因为红金鱼数量是黑金鱼的2倍

他把答案念给同学听

脸蛋

从前有只鸡，鸡的左面有只猫，右面有条狗，前面有只兔子，请问鸡的后面是什么？

蝎子和螃蟹玩猜拳，为什么它们玩了两天，还是分不出胜负呢？

什么东西不停地吃，却永远吃不饱？

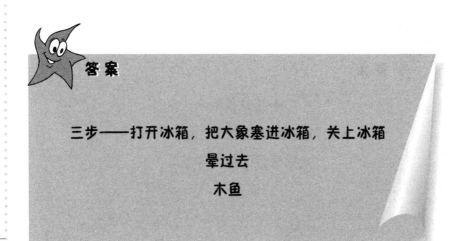

答案

三步——打开冰箱，把大象塞进冰箱，关上冰箱

晕过去

木鱼

有一根棍子，要使它变短，但不许锯断、折断或削短，应该怎么办？

在罗马数字中，零该怎么写？

什么动物天天熬夜？

鸡、鹅百米赛跑，鸡比鹅跑得快，为什么却后跑到终点？

什么东西能把高山与大海连起来？

答案

从

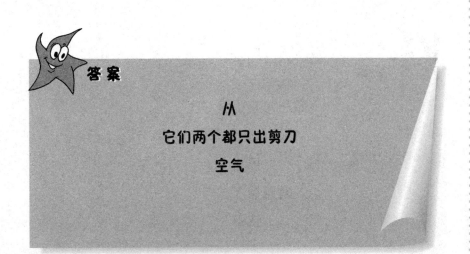

它们两个都只出剪刀

空气

北极熊食肉，但它为什么不吃企鹅？

全世界最大的公鸡是从哪里来的？

蚊子咬在什么地方你不会觉得痒？

答案

拿一根长的跟它比

罗马数字没有零

熊猫

鸡跑错了方向

江河

一只狼钻进羊圈想吃羊。可它为什么又没吃羊呢？

山坡上有一群羊，又来了一群羊，请问一共有多少群羊？

蝌蚪没有尾巴，就变成了青蛙。如果猴子没有尾巴，是什么呢？

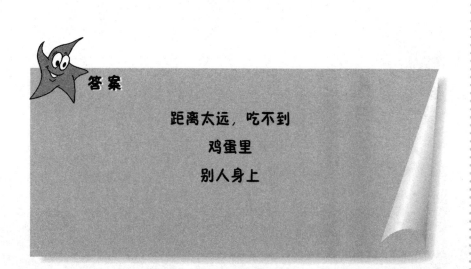

答案

距离太远，吃不到

鸡蛋里

别人身上

一名富商死在书房之中，墙上有 3 个弹孔，但他的身上却没有外伤，他是怎么死的？

小明每天都和妈妈上街买菜，每次都抓住妈妈的裙子跟在后面，但这次却迷路了，为什么？

有甲也有盔，有眼没有眉，无脚会赶路，有翅不会飞的是什么动物？

答案

因为羊圈里没有羊

还是一群羊

仍是猴子

什么马不会跑?

奶奶非常疼爱她养的那只猫，当猫咪生日那天，她特地准备了5个各放了一条鱼的盘子，为它祝贺。猫咪走到盘子前，犹豫了一会儿，然后把第三个盘子里的鱼吃掉了，为什么?

答案

他是嘲笑枪手枪法差而笑死的

这天妈妈穿的迷你裙他没抓住

鱼

一只田鼠在挖洞时并没有在洞口四周留下泥堆，为什么？

森林里有一条蟒蛇，可是它从来不咬人，你知道为什么吗？

屋子里有4个人在打麻将，警察来了，却带走了5个人，为什么？

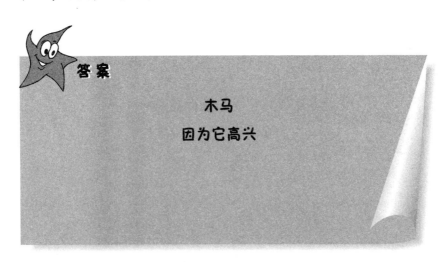

答案

木马

因为它高兴

大街上，有个人仰着头站着。旁边的人以为天空有什么好看的东西，也抬头看向天空，可天空什么也没有。仰头站着的人说了句话让大家哑然失笑，请问他说的是什么？

气候突然转冷，一只鸵鸟决定南迁，飞的时候它头向南，尾朝北，而爪子该朝向哪一方呢？

答案

因为它挖的是出口

因为森林里没人

被打的人叫麻将

一只青蛙掉进30米深的枯井，如果它每次能跳两米高，它需要跳多少次才能跳出井口呢？

一头牛一年要吃3公顷的牧草，现有面积30公顷的牧场养了5头牛，请问需要多久才能全部吃完？

树上有100只鸟，用什么方法才能把它们全部抓住？

答案

鼻血终于止住了

鸵鸟不会飞

遗传学界最伟大的发现是什么？

有只小北极熊早上醒来后一直追问熊妈妈，他是不是一只北极熊，妈妈回答："你当然是北极熊"，可是他为什么还是不相信？

麒麟飞到北极会变成什么？

一只已经饥饿很久的狼看见一只绵羊，但它却马上逃走了，为什么？

答案

青蛙早摔死了

永远也吃不完，因为草会春风吹又生

拍照

熊猫最大的心愿是什么？

小燕站在路中央，一辆时速 90 公里的汽车疾驰而过，她却未受任何伤，为什么？

蚊子绝对不会叮哪一种动物？

答案

麻雀变凤凰

因为他觉得冷

冰激凌

羊后面有一只老虎

长胡子的山羊是公羊还是母羊？

每个人睡觉前，一定不会忘记的事是什么？

谁知道天上有多少星星？

小明抢了东西就跑，为什么大家还为他高兴鼓掌呢？

答案

拍张彩色照片

她站在天桥的中央

它们自己

龟兔赛跑，请猪来当裁判，请问龟兔谁会赢？

如何才能把你的左手完全放在你穿在身上的右裤袋里，而同时把你的右手完全放在你穿在身上的左裤袋里？

戴维一家五口外出旅游，说好一人带一瓶饮料，可戴维坚持只带4瓶可乐，为什么？

答案

山羊都长胡子

闭上眼睛

天知道

小明在打篮球

聪明人比一般人多了个什么？

蜈蚣回家对爸爸说了一句话，爸爸当场就晕倒了，蜈蚣说了一句什么话？

三更半夜回家才发现忘记带钥匙了，家里又没有其他人在，这时你最大的愿望是什么？

答案

不回答，回答的人是猪

反穿裤子

还有一瓶是矿泉水

如果明天就是世界末日，为什么今天就有人自杀？

今天，小红帽从大灰狼面前走过，大灰狼为何没有发现她？

平平把鱼放在鱼缸里，不到10分钟鱼就死了，为什么？

答案

心·眼

蜈蚣说："我要买鞋。"

出门前忘记关门了

小李说“我前面的人是小王”，小王说“我前面的人是小李”。请问这是怎么回事？

姑妈送给小花一只小猫，这只小猫没有死掉，也没有跑掉，小花也没有把它送人，为什么三个月后姑妈来小花家再没看见小猫呢？

答案

去天堂抢位置

小红今天没带帽子

鱼缸里没水

小陈是个大家公认的穷光蛋，但是他居然能日掷千金，为什么？

小毕是学校出了名的逃课王，几乎有课必逃，但是有一节课，他却不敢逃，永远准时不缺课，请问是哪一课？

兔子的眼睛为什么是红的？

答案

他们面对面站着

小猫已经长成大猫了

哪种竹子不长在土里？

妈妈明明在叫大宝，但出来的竟是小宝，为什么？

为什么会有人见死不救？

茄子的另外一个名字叫什么？

答案

小陈是银行的运钞员

下课

它跑输给乌龟哭红的

小刚站在桥上，为什么桥下既没有水也没有船？

两个人在教堂里打赌：看谁往盘子里放的钱最少。第一个人放了最少的一分钱后说："我赢了！"而结果另一个人说了一句话，却成了真正的赢家，他是怎么说的？

有一种水果，没吃之前是绿色的，吃下去是红色的，吐出时却是黑色的，请问这是什么水果？

答案

爆竹

大宝不在

死了，救也没用

蔬菜

什么花飘着开，什么花走着开，什么花空中开？

一堆西瓜，一半的一半比一半的一半的一半少半个，请问这堆西瓜有多少个？

将一个西瓜切成9块，只能切4刀，怎样切呢？

全世界最大的番薯长在哪里？

答案

他站在立交桥上

这一分钱是我们共同捐的

西瓜

老王是个酒鬼，有一天他去看医生，医生警告他喝酒一次不可超过4杯，为什么老王还是不怕，一次喝了8杯呢？

对一个打算把头发留到腰部的人来说，最重要的一件事是什么？

切一半的苹果，跟什么很像呢？

答案

雪花、浪花、烟花

两个

按“#”字形切

土里

某人向枪靶射击了5发子弹，共得100分，他射中了几发？

甲跟乙打赌："我可以咬到自己的右眼。"乙不信，甲把假的右眼拿下来放在嘴里咬了一下。甲又说："我还可以咬到自己的左眼。"乙仍然不信，结果，甲又赢了，他是怎么做到的？

答案

因为他连续看了两次医生

晚上不要穿着白衣服出门

苹果的另一半

一朵插在牛粪上的鲜花是什么花?

萝卜喝醉了，会变成什么?

有三个小朋友在猜拳，一个出剪刀，一个出石头，一个出布，请问3个人共有几根手指头?

答案

只中了一发

取下假牙做到的

张老汉站在路口向3个人问时间，3个人的回答都不一样，为什么张老汉不生气？

世界上什么东西比天还高？

什么人不吃饭，但是可以说、笑、玩游戏？

什么东西能瞒天过海？

什么人可以享受免费旅行？

答案

牵牛花

红萝卜

30根

什么掌不能拍？

提早完工回家的小李，一进卧室，看见隔壁的小刘与自己老婆睡在床上，但小李却毫不动怒，为什么？

公共汽车来了，一位穿长裙的小姐投了 4 元钱，司机让她上了车；第二位穿迷你裙的小姐，投了 2 元，司机也让她上了车；第三位小姐没给钱，司机照样让她上了车，为什么？

答案

他分别在不同的时间问的 3 个人

心，因为心比天高

木偶

潜水艇

胎儿

有一艘船限载 50 人，船上已有 49 人，后来一个孕妇上了船，结果船沉入海中，为什么？

失恋的黄先生在一个月黑风高的晚上走上街头，迎面开过来一辆飞车，他站在马路中间，车子呼啸而过，人竟毫发无损，为什么？

答案

仙人掌

因为小刘是女的

因为她用的是月票

有一座大厦发生火灾，陈先生逃到顶楼后，想跳到距离只有1米的隔壁楼顶，结果却摔死了，为什么？

身份证掉了，怎么办？

小明拿了100元去买一个75元的东西，但老板却只找了5元给他，为什么？

什么东西一干活就遍地走，不干活就靠边站？

干什么工作的人最爱明知故问？

答案

因为这艘船是潜水艇

迎面而来的是辆摩托车而不是汽车

今天下午到旺角看电影，到了旺角，却半个人也看不到，为什么？

一位卡车司机撞倒了一个骑摩托车的人，结果是卡车司机受重伤，而摩托车骑士却没事。这是为什么？

牵着羊进照相馆的人想做什么？

答案

因为高度相差太远

拾起来

因为他只拿了 100 元中的 80 元给老板

扫帚

老师

老李买了一只狗和一篮子骨头，他休息时，用一根5米的绳子将狗拴在路边树上，将骨头放在离狗8米的地方，但过了一会儿，他发现骨头被狗叼走了，你知道为什么吗？

小红口袋里原有10个铜钱，但它们都掉了，请问小红口袋里还剩下什么？

答案

人有很多个，但就是没有半个

因为卡车司机步行的

出洋（羊）相

楚楚的生日在三月三十日，请问是哪年的三月三十日？

大勇说暑假他去了南半球的澳大利亚，在那里的海滩上晒太阳、游泳，他说的话有破绽，你知道是什么吗？

除了变色龙以外，什么动物最擅长伪装？

打什么东西的时候，你会身不由己？

在什么地方有河有海没有水，有山有地没有土？

答案

因为狗在树的这一端，骨头在树的另一端

还剩下一个洞

小王过 13 岁生日，为什么桌子上有 14 根蜡烛？

王大头一直喊着：“快点，我上课要迟到了。”可是他为什么没行动？

在厕所遇见朋友时，最好不要问哪一句话？

答案

每年的三月三十日

我国放暑假时南半球是冬季

人

打哈欠

地图上

要形容女孩子好看，说什么话她最高兴？

曹兰在马路边拦下一辆计程车，当她坐进车中后立刻被司机赶出来，为什么？

为什么妈妈几个月都不给弟弟吃饭，但弟弟仍然健康成长，为什么？

什么时候有人敲门，你绝不会说请进？

有个人不是官，却负责全公司职工干部上上下下的工作。这个人是干什么的？

答案

有一根蜡烛是照明用的

他在做梦

吃了没有

小杰在教室外捡到一只皮夹，为什么不交到老师那里？

6条命葬送在小张的手上，为什么他没被判死刑？

什么人是人们说时很崇拜，但却不想见到的人？

答案

谎话

她没告诉司机去哪里

弟弟还在妈妈肚子里

上厕所的时候

管理电梯的

什么事你明明没有做，但却要受罚？

为什么警察对闯红灯的汽车司机视而不见？

几个孩子在分一些糖果，分来分去不平均。如果每个人得3粒，还剩7粒；如果每个人得5粒，又少了3粒。请问一共有几个孩子？几粒糖？

答案

皮夹是他自己的

小张打死的是蚊子

上帝

小方读了 13 年书，为什么还在读一年级？

小明点了一份全熟的牛排，但是为什么一切下去居然流出血来？

一个人要把 100 个箱子分 3 次运到河的对岸去。河上只有一只船，每次运载的箱子数量必须一样。请问他该怎么做？

医生该怎样给玩笑大王打针才能使他的屁股不会痛？

答案

家庭作业

因为汽车司机没开车

5 个孩子，22 颗糖

早餐时，大妹吵着要吃蒸蛋，小妹则说要吃煎蛋，妈妈出来打圆场，说了一句话，却让大妹直说妈妈偏心，请问妈妈说了什么？

小明的爷爷年轻时是短跑健将，今年70岁了，他要到什么时候才能打破男子短跑100米的世界纪录？

答案

小方上的是大学一年级

不小心切到手了

第一次搬40个，放下30个，再连续搬两次30个，每次放下30个，直到运完。

打在他的手臂上

什么东西说“父亲”时不会相碰，叫“爸爸”时却会碰到两次？

金太太一向心直口快，可什么事竟让她突然变得吞吞吐吐了呢？

医生问病人：“感冒了吗？”病人摇摇头。“肚子疼？”病人摇头。“神经病？”病人还是摇头。究竟他是来看什么病的？

黑人和白人生下的婴儿，牙齿是什么颜色？

答案

妈妈说：“不要争（蒸）了”。

做梦的时候

公共汽车上，两个人正在热烈地交谈，可围观的人却一句话也听不到，这是为什么？

胖妞生病时，最怕别人来探病时说什么？

孔子是我国最伟大的什么家？

答案

上嘴唇和下嘴唇

吃甘蔗

不停摇头的毛病

婴儿没牙齿

为读完北京大学需要多少时间？

小明总是喜欢把家里的闹钟整坏，妈妈为什么总是让不会修理钟表的爸爸代为修理？

睡美人最怕的是什么？

100公斤的胖妹听说骑马可以减肥，便去试，你猜结果如何？

小虎从《武术大全》这本书上学得一身好功夫，但是第一次路见不平就被修理了一顿，为什么？

答案

因为这两个人是聋哑人

请多保重

老人家

小明对小华说：“我可以坐在一个你永远也坐不到的地方！”你知道小明坐在哪里吗？

两个人同时来到了河边，都想过河，但却只有一条小船，而且小船只能载 1 个人，请问，他们能否都过河？

小明的爸爸是个好厂长，可大家却说他永远当不上正厂长，为什么？

答案

3 秒钟足够

妈妈是让爸爸修理小明

睡不着觉

结果马瘦了 20 斤

因为他买的《武术大全》是盗版的

当今社会，个体户大都靠什么吃饭？

在一次监察严密的考试中，有两个学生交了一模一样的考卷。主考官发现后，却并没有认为他们作弊，这是什么原因？

张大妈整天说个不停，可有一个月她说话最少，请问是哪个月？

答案

小华的身上

能，因为他们分别在河的两边

因为他姓付（副）

有一个人一年才上一天班又不怕被解雇，他是谁？

你的爸爸的妹妹的堂弟的表哥的爸爸与你叔叔的儿子的嫂子是什么关系？

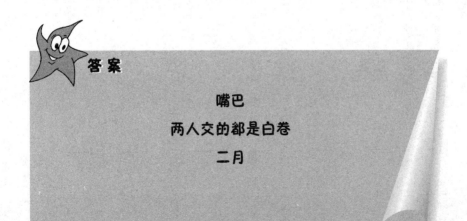

牙医靠什么吃饭？

答案

嘴巴

两人交的都是白卷

二月

你能做、我能做、大家都能做，一个人能做、两个人不能一起做的是什么事？

别人跟阿丹说她的衣服没有扣，她却不在意，为什么？

小刘是个很普通的人，为什么竟然能一连十几个小时不眨眼？

答案

圣诞老人

亲戚关系

嘴巴

明明是个近视眼，也是个出名的馋小子，在他面前放一堆书，书后放一个苹果，你说他会先看见什么？

小王是一名优秀士兵，一天他在站岗值勤时，明明看到有敌人悄悄向他摸过来，为什么他却睁一只眼闭一只眼？

有一个人，他是你父母生的，但他却不是你的兄弟姐妹，他是谁？

答案

做梦

因为她的衣服只有拉链没有扣子

因为他在睡觉

有一种地方专门教坏人，但没有一个警察敢对它采取行动加以扫荡，这是什么地方？

早晨醒来，每个人都会做的第一件事是什么？

为什么现代人越来越言而无信？

要想使梦成为现实，我们干的第一件事会是什么？

什么东西人们都不喜欢吃？

答案

他什么也看不见

因为他正在用枪瞄准

你自己

两个人住在一个胡同里，只隔几步路，他们同在一个工厂上班，但每天出门上班，却总一个向左，一个向右，为什么？

3 个孩子吃 3 个饼要用 3 分钟，90 个孩子吃 90 个饼要用多少时间？

答案

看守所

睁开眼睛

因为打电话比写信方便

赶快醒来

吃亏

中国人最早的姓氏是什么？

一个人在沙滩上行走，回头为什么看不见自己的脚印？

小王走路从来脚不沾地，这是为什么？

我不会轻功，一只脚踩在鸡蛋上，鸡蛋却不会破，这是为什么？

两对父子去买帽子，为什么只买了3顶？

答案

因为他们住在对门

3 分钟

如果你有一只下金蛋的母鸡，你该怎么办？

一架飞机坐满了人，从万米高空落下坠毁，为什么却一个伤者也没有？

电话声大作，却不见小华和哥哥去接电话，这是怎么回事？

答案

姓善，因为“人之初，性（姓）本善”

因为他是倒着走的

因为穿着鞋子

因为另一只脚站在地上

因为是爷爷、爸爸和儿子3个人去买的

什么地方开口说话要付钱?

有一个家伙上身穿着棉袄，下身穿着短裤，左手拿着冰可乐，右手端着热咖啡，每天坐在火炉旁，却又开着冷气，请问他到底是什么人?

什么声音就在你身边，你却怎么也听不到?

答案

赶快醒来别再做梦了

没有伤者，因为都摔死了

因为那是电视里的铃声

冬冬的爸爸牙齿非常好，可是他经常去口腔医院，为什么？

什么人越到冬天越不怕冷？

有一位老太太上了公共汽车，为什么没人让座？

小王一边刷牙，一边悠闲地吹着口哨，他是怎么做到的？

答案

电话亭

神经病

自己打呼噜的声音

用椰子和西瓜打头哪一个比较痛？

胖胖是个颇有名气的跳水运动员，可是有一天，他站在跳台上，却不敢往下跳。这是为什么？

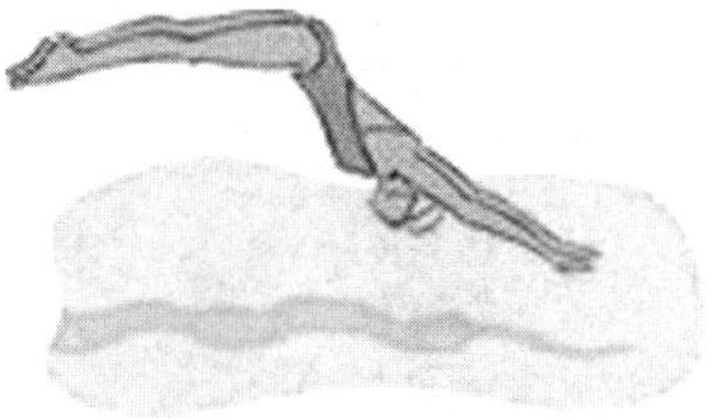

小红与妈妈都在同一个班里上课，这是为什么？

为什么游泳比赛中青蛙输给了狗？

答案

因为他是牙科医生

雪人

车上有空位

他刷的是假牙

一个人在什么情况下才处于真正的任人宰割的地步？

什么东西越生气，它变得越大？

问医生病人的情况，医生只举起5个手指家人就哭了，是什么原因呢？

最不听话的是谁？

上课的时候，王老师用粉笔画了一个人，你知道他是从哪里开始画的吗？

答案

头比较痛

因为下面没水

因为妈妈是小红的老师

因为青蛙游泳犯规

一个人掉到河里，还挣扎了几下，它从河里爬上来，衣服全湿了，头发却没湿，为什么？

有两个人，一个面朝南，一个面朝北地站立着，不准回头，不准走动，不准照镜子，问他们能否看到对方的脸？

答案

在手术台上时

脾气

因为医生的手指三长两短

聋子

黑板

小王与父母头一次出国旅行，由于语言不通，他的父母显得不知所措，小王也不懂丝毫外语，他也不是聋哑人，却像在自己国家里一样未尝感到丝毫不便，这是为什么？

换心手术失败，医生问快要断气的病人有什么遗言要交代，你猜他会说什么？

小明发现房间遭窃，却一点也不紧张，为什么？

小刚在考试中全部答对，为什么没得满分？

答案

因为他是光头

能，因为他们面对面站着

一个人从50米高的大厦上跳楼自杀，重重地摔在了地上，为什么没被摔死？

当你向别人夸耀你长处的同时，别人还会知道你的什么？

文文在洗衣服，但洗了半天，她的衣服还是脏的，为什么？

答案

小王还是个婴儿

其实你不懂我的心

因为那是别人的房间

因为考的是判断题

小明知道试卷的答案，为什么还频频看同学的？

什么官不仅不领工资，还要自掏腰包？

失意的明明跳入河中，可他不会游泳，也没有被淹死，为什么？

为什么大部分佛教徒都在北半球？

答案

他已经在半空被吓死了

你不是哑巴

因为她洗的是别人的衣服

什么人生病从来不看医生？

家在北京的老王想去上海，要花多少钱？

别人请你吃什么需要你自己花钱？

为了怕身材走样，结婚后不生孩子的美女怎么称呼？

一只啄木鸟和一只鸽子一起去送信，有什么好处？

答案

因为小明是老师

新郎官

他跳入的是爱河

因为“南无阿弥陀佛”

毛毛说：10 +4 =2，老师竟然说对，为什么？

小丁拿着块石头向玻璃砸去，玻璃却没碎，为什么？

掉进水里的人首先会怎么样？

受骗后的自我感觉是什么？

圣诞夜，圣诞老人第一件放进袜子的是什么东西？

答案

瞎子

想是不用花钱的

吃官司

绝代佳人

信到家时，收信人还会听到敲门声

在茫茫大海上漂泊了大半年的海员，一脚踏上大陆后，他接下来最想做什么事情？

每对夫妻在生活中都有一个绝对的共同点，请问是什么？

除了天文学家，什么人对星星最感兴趣？

答案

10 点 +4 点 = 下午 2 点

没砸到

打湿衣服

自己太笨了

自己的脚

小王在市区租了一间房子，租约上注明若不慎引起火灾，烧毁了房子，必须赔偿300万元人民币。小王不但不反对，甚至还主动多填了一个零，为什么？

小胖在从图书馆回家的计程车上睡着了。突然他一觉醒来，发现前座的司机先生不见了，而车子却仍然在往前进，为什么？

谁经常买鞋自己不穿却给别人穿？

人在什么情况下争先恐后最光荣？

答案

踏上另一只脚

同年同月同日结婚

追星族

不管长得多像的双胞胎，都会有人分得出来，这人是谁？

爷俩娘俩兄妹俩，一共只有3个人，这是为什么？

牧师无论如何都不能主持的仪式是什么？

答案

反正一样赔不起

车子抛锚，司机在车后推车

卖鞋的人

战场上冲锋陷阵时

今天卖报的小吴卖了 100 份报纸，但只收入几毛钱，为什么？

小海看相声为什么从来不高兴？

什么事每人每天都必须认真地做？

答案

他们自己

这三人分别是儿子、母亲和舅舅

自己的葬礼

冬天，宝宝怕冷，到了屋里也不肯脱帽。可是他见了一个人乖乖地脱下帽，那人是谁？

三人共撑一把小伞在街上走，却没有一个人被雨淋湿，为什么？

阿比明天要考英文，他听说佛光山的菩萨有求必应，于是赶忙上山烧香拜佛，求菩萨保佑他明日考试顺利通过，结果隔天英文还是考砸了，为什么？

一个人在回家的路上碰到10只狮子，请问他会变成什么？

答案

他卖的是旧报纸

小海是聋子

睡觉

一条小船要渡 37 人，一次只能载 7 人，几次能渡完？

小丽和妈妈买了 8 个苹果，妈妈让小丽把这些苹果装进 5 个口袋中，每个口袋里都必须是双数，小丽该怎么做呢？

答案

理发师

因为出的是太阳，没下雨

因为菩萨不懂英文

10 堆狮子屎

一个人掉到河里，他从河里爬上来，头发却没湿，为什么？

你知道现代的科学家一般都出生在哪吗？

有一个人只有3根头发，为什么在参加宴会时他还要拔掉一根？

答案

6次

用4条口袋分别装2只，然后一起装进第5只内一个袋子里装着豆子，有黄豆和绿豆，一个人把豆子倒在地上，很快他就把黄豆和绿豆分开了，请问他是怎么做到的？

既没有生孩子、养孩子也没有认干娘，还没有认领养子养女就先当上了娘，请问这是什么人？

答案

因为他是光头

医院里

因为他想中分

农民、工人、军人、科学家都靠什么吃饭?

一个人从飞机上掉下来，为什么没被摔死呢?

偷什么东西不犯法?

如果有机会让你移民，你一定不会去哪个国家?

什么东西明明是你的，别人却用得比你多得多?

什么人买到的全是坏东西，他却一点也不生气?

答案

因为袋子里就两颗豆子

新娘

一个人被关在密闭的房间里，只有一扇门，但无法拉开，他该如何出去？

谁天天去看病？

小华明天考试，他已经把英语背得滚瓜烂熟，第二天考试还是不及格，为什么？

答案

嘴巴

因为飞机停在地上

偷笑

天国

你的名字

废品收购者

小李因工作需要常应酬交际，虽然每天都很早回家，可是老婆还是抱怨不断，为什么？

什么瓜不能吃？

爸爸熟读兵书，可是每次下棋都输给别人，请问他用的是什么兵法？

一对健康夫妇，为什么生出只有一只右眼的婴儿？

小明正在吹电扇，为什么还是满头大汗？

答案

推开门出来

医生

第二天考的不是英语

老刘一个人睡觉，醒来为什么屁股上竟出现深深的牙印？

在一个寒冷冬日的清晨，有一位西装革履的先生在河里拼命游水，这是为什么？

一辆出租车在公路上正常行驶，并且没有违反任何交通规则却被一个警察给拦住了，请问为什么？

一个不会游泳的人在水里却没有被淹死，请问为什么？

答案

因为他是第二天早上回的家

傻瓜

兵来将挡

每个人都只有一只右眼

他在吹电扇，但电扇没吹他

小李昨天在客户面前骂总经理是笨蛋，结果小李被开除了，为什么？

警方发现一起智能杀人案，现场没有留下任何线索，也找不到目击者，但一个小时后警方却宣布破案，为什么？

突然下起一场大雨，忙着栽种的农民纷纷躲避，却仍有一人不走，为什么？

经理不会做饭，可有一道菜特别拿手，是什么？

答案

他睡在自己的假牙上了

因为他掉进河里了

警察拦车要打车

因为他在洗澡

篮子里有7个苹果，掉了4个在桌子上，还有一个不知掉到哪去了，飞飞把桌子上的苹果拾进篮子里，又吃了一个，请问篮子里还剩下几个苹果？

华先生有个本领，那就是能让见到他的人，都会自动手心朝上。这是怎么回事？

答案

因为他泄露了公司最高机密

因为凶手自首了

因为那是稻草人

炒鱿鱼

医生给了你3颗药丸要你每半个小时吃一颗请问吃完需要多长时间？

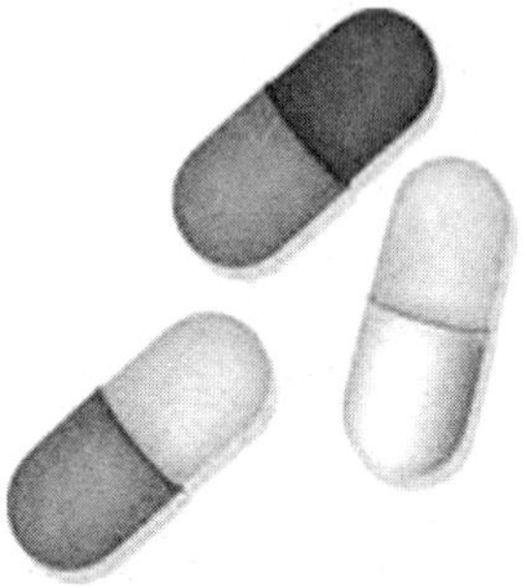

空着肚子能吃几个鸡蛋？

什么人每天靠运气赚钱？

答案

5个

华先生是医生

期终考试成绩下来了，平平的4门功课全是零分。老师却说比起某些同学来平平有一条是值得表扬的。老师指的是什么？

小波比的一举一动都离不开绳子，为什么？

人最怕屁股上有什么东西？

一个人去网吧，碰上一个同学带着两个朋友，各带着4个小孩，小孩各带着2个朋友，请问有多少人去网吧？

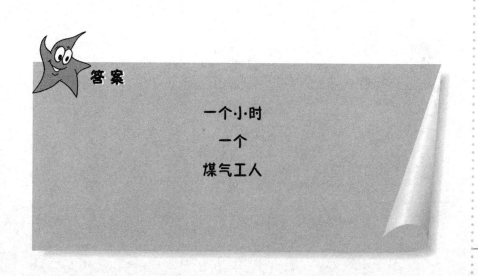

答案

一个小时

一个

煤气工人

13 个人玩捉迷藏，捉了 10 个还剩几个？

什么鬼大家都喜欢啊？

某人用面条上吊，结果真的死了。为什么？

小王住在 12 层楼里，为什么他每天不坐电梯啊？

答案

平平不作弊

小波比是木偶

债

一个

小明是高的儿子但是小明却不肯称呼其“爸爸”，为什么？

如果诸葛亮没有死，世界将会有什么不同？

北京王府井步行街上来往最多的是什么人？

瞎子为何走夜路要点灯？

到家了，小红为什么不进去？

答案

2个

淘气鬼

他是掉下来摔死的

因为他住在一楼

小明的爸爸有3个孩子，一个叫大毛，一个叫小毛，第三个叫什么？

如果动物园失火了，最先逃出来的是哪一种动物？

一个人去教堂向神父忏悔之前，都事先做了些什么事？

答案

因为高是小明的妈妈

世界上将会多一个人

行人

为了使别人不撞着自己

没带钥匙

一位司机上了他驾驶的汽车后，做的第一个动作是什么？

一幢大楼失火，很多人围观，却无人报警，为什么？

一个警察有个弟弟，但弟弟却否认有个哥哥，为什么？

在早餐时从来不吃的是什么？

答案

小明

人

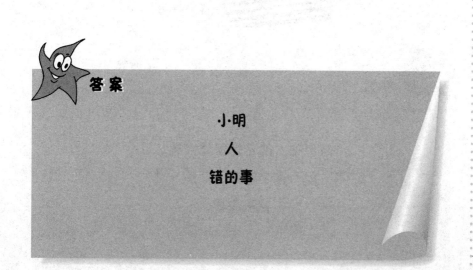

错的事

某个动物园中，有两只狮子趁管理员一时疏忽忘记把笼子锁上的机会逃出来，在公园内窜来窜去。人们一边避险，一边找管理员，而管理员却躲到了一个更安全的地方。请问管理员躲在哪里？

“东张西望”、“左顾右盼”、“瞻前顾后”这几个成语用在什么时候最合适？

答案

坐下

因为失火的是警察局大楼

因为这个警察是女的

午餐和晚餐

小明和小旺玩掷硬币的游戏，小明掷了10次都是阳的一面，问他掷第十一次时，阳和阴的概率各是多少？

世界上谁的肚子最大？

一个班的伞兵训练跳伞，班长说跳出机外数到30才能拉伞，结果其他人平安落地，只有一个人不幸身亡，为什么？

答案

狮子笼子里

过马路的时候

1人吃1份快餐多出1份，1人吃2份快餐少2份，请问有几人和几份快餐？

路边电线杆上蹲着一只猴子，司机小李看到就立刻停下车来，请问为什么？

为什么关羽比张飞死得早？

老张是一位出色的作家，为什么有一次他连续写了一个月，连一篇小说的题目都没写出来？

什么盘总是两个人一起用？

答案

50%

宰相，因为“宰相肚里能撑船”

因为那个人口吃

青春痘长在哪里，你比较不担心？

南来北往的两个人，一个挑担，一个背包，他们没争也没吵，也没有人让路，却顺利地通过了独木桥，为什么？

3 个人 3 天用 3 桶水，9 个人 9 天用几桶水？

同事们在小张家喝酒、聊天，酒过三巡后，为什么大家都知道小张喝醉了？

答案

3 个人 4 份快餐

因为他把猴子屁股当红灯了

因为关羽“红颜薄命”

他写的是散文

棋盘

有两个人决定进行自行车比赛，看谁的自行车跑得快。比赛在一个平坦、宽敞的体育场里进行，但当比赛开始时，他们两个却谁也不愿意领先，反而都在慢悠悠地骑，已知他们两人都不会互相谦让，也没有外来因素干扰，总之，一切都很正常，这究竟是为什么呢？

早晨，当你向西走时，阳光是照在你的左脸还是右脸？

答案

别人的脸上

因为他们是向同一方向过桥

9桶

因为小张正准备穿鞋回家

天气越来越冷，为什么小华不多加件衣服，反而要脱衣服？

进浴室洗澡时，要先脱衣服还是裤子？

你在学校学到的知识越多，什么就会越少？

答案

因为他们交换了自行车

照在背后

小胖在大扫除时偷吃红豆冰棒被老师看见，老师生气地问：“太闲了是不是?”结果小胖说了句话，害老师差点当场晕倒。小胖说了什么?

有一本书，兄弟俩都想买。如果用哥哥的钱买差5元钱，如果用弟弟的钱买差1角钱，如果两人把钱和起来只买一本书，钱仍然不够。那么这本书的价钱是多少呢?

考试时，小光全部都抄小明的，为什么小明得到100分，小光却得零分呢?

答案

因为他要洗澡了

先关门

不知道的东西

牛顿因苹果掉落发现引力，如果你在椰树下被椰子打中会发现什么？

监狱里关着两名犯人，一天晚上犯人全都逃跑了，可是第二天看守员打开牢门一看，里面还有一个犯人，为什么？

小李喝酒，撞伤了脸，回家怕太太知道会责备，就去洗手间对着镜子贴上创可贴，可第二天还是被太太骂了一顿，为什么？

9 月 28 是孔子诞辰，那么 10 月 28 日是什么日子？

答案

老师，红豆冰棒是甜的

5 元

因为他连名字都抄的小明的

如果有人向你问路，你最怕听到哪一句话？

徐先生犯了一个大错误。当他在太太面前掏口袋的一刹那，衣袋内的酒吧火柴盒、未中奖的马票以及旧情人的照片等散落了一地。他在慌张之余，为了避免吵架，双手马上遮起一件东西。请问，他会去遮住什么东西？

答案

这种行为很蠢

逃跑的犯人名字叫“全都”

创可贴在镜子上

孔子满一个月

一辆汽车发生了事故，所有的人都受伤了，为什么小明却没事？

上课铃声响了，却没有一个同学在教室里，是怎么回事？

为什么小明能一只手让车子停下来？

一名警察见了小偷拔腿就跑，为什么？

老王擦桌子，擦了半天，仍觉得脏，为什么？

答案

这里是地球吗？

太太的眼睛

情人眼里出西施，那西施眼里出什么？

有个人饿得要死，而冰箱里有鸡肉、鱼肉、猪肉等罐头，他会先打开什么？

什么人双手是多余的？

有一个胖子，从高楼跳下，结果变成了什么？

答案

小明没在车上

上的是体育课

因为是玩具车

去追小偷

因为老王的老花镜的镜片是脏的

一个人什么“地方”能大能小？

一年前的元月一日，所有的人都在做着一件非常重要的事，你记得是什么事吗？

小王跑步为什么总是保持一个姿势不变？

什么情况下，每个人都会主动地发挥赴汤蹈火精神？

一个人死前要做的最后一件事是什么？

答案

眼屎

冰箱

足球运动员

死胖子

小王说他会在太阳和月亮永远在一起的时候去旅行，你说可能吗？

老王天天掉头发，什么办法都用了，只有一种办法使他永远不掉头发。是什么办法呢？

古时候没有钟，有人养了一群鸡，可是天亮时，没有一只鸡给他报晓。这是为什么？

答案

心眼

呼吸

因为是在照片中

吃火锅的时候

咽下最后一口气

老张是出了名的拳手，为什么一戴上拳击手套反而让对手三下两下打下台去了？

远东百货遭小偷，警察立刻封锁住所有出口，但为什么小偷仍逃了出去，为什么？

太太吃完饭后向先生要火柴，先生殷勤地掏出名牌打火机，却被太太瞪了一眼，为什么？

流浪了 50 多年的流浪汉，有一天突然不流浪了，为什么？

答案

可能，就是明天

剃光

他养了一群母鸡

为什么罗丹雕塑的作品“沉思者”没有穿衣服？

什么事情，只能用一只手去做？

家里又脏又乱，怎样才能在最短时间内清扫干净？

人体最大的器官是什么？

你有一艘船，船上有15位船员，60位乘客，300吨货物。你能根据上面的提示，算出船主的年龄吗？

答案

因为他是划拳高手

从入口逃出去的

因为打火机不能剔牙

他死了

考试做判断题，小刚掷骰子决定答案，但题目有20题，为什么他却扔了40次?

神偷“妙手空空”把附近一些有钱人家的金银珠宝偷得一干二净，为什么唯独一家既无防盗设备，也无保全人员的财主没受到光顾?

什么东西自己不走却能翻山越岭?

答案

他正在思考穿什么衣服

剪自己的指甲

闭上眼睛，眼不见为净

胆，因为胆大包天

不用算，就是自己的年龄

小秦买了一辆全新的跑车，却不能开上马路，这是为什么？

小吴称赞女朋友的新衣服“十分漂亮”，但却被女友打了一顿，为什么？

母亲节那天，你如果不想让母亲洗碗，又不想自己动手的话，你该怎么办？

答案

他每个题都验证了一遍

那是他自己家

路

有一位律师，他自己有了婚变，却站在太太的立场，免费担任太太的辩护律师，并且帮助她向丈夫要求更多的赡养费，最后这律师却没有任何损失，为什么？

大多数人是用左手端碗，右手吃饭，对吧？

没有父母的娃娃是什么娃娃？

答案

他买的是玩具车

因为满分是100

跟妈妈说："妈，留着明天洗吧。"

“不见棺材不掉泪”可以拿来形容人顽固，你知道什么人是“见了棺材仍然不掉泪”的死硬派吗?

老李站在马路上比手划脚，却不见警察来赶他，为什么?

一向最爱吃蛋糕的大宝，今天为什么连面前那1/4小块蛋糕都吃不下呢?

为什么阿发悄悄对臭皮说他裤子的拉链忘了拉，臭皮却不以为意?

答案

因为律师就是那位太太

不对，用嘴吃饭

玩具娃娃

我伯父的弟媳，但不是我的叔母，那她是谁？

有一个人发高烧50℃，他这时该找谁帮忙？

小明买了一兜水果，回到家了却两手空空，他保证没有偷吃，也没有弄丢，那是什么原因呢？

答案

死人

老李是交警

他已经吃了3/4了

阿发说的是自己

大勇向小伙伴们吹嘘说：今天上课的时候，老师提了一个问题，全班除了他没有一个答对。你猜老师问的是什么问题？

大勇不慎掉到水缸里去了，当时周围没有大人，小朋友们急得团团转，怎样才能用最快的方法把大勇救出来？

歹徒抢劫 MTV 店，朝店主开了一枪，店主情急之下抽出一卷影带挡，居然平安无事，为什么？

将来是人脑厉害还是电脑厉害？

答案

我母亲

消防队

送人了

小毛喜欢运动，有一天他在38℃的高温下做很激烈的运动，为什么居然不会流汗？

两位爸爸、一个儿子同处一室，3 人合计却有 9 只手，为什么？

波斯湾战争中，为什么美军在夜间死伤比伊军少？

妈妈叫小民去拿碟子来装菜，小民拿来了，却被骂了一顿，为什么？

答案

老师问的是“大勇，你为什么又迟到了啊？”

把缸砸烂

歹徒拿的是水枪

人脑加电脑最厉害

男生和女生有什么共同点？

一个瞎子射击一顶帽子，怎样才能一枪就中？

最可怕的钉子是什么？

答案

因为他在水里游泳

因为三人都是扒手

因为美国黑人多

他拿的是光碟

老师说蚯蚓切成两段仍能再生，小东照老师的话去做，蚯蚓却死了，为什么？

一个农夫没有养鸡，为什么会有蛋呢？

仁慈的皇帝却常常灭人九族来惩罚罪犯，为什么？

有一天小董上完物理课后，突然想效法牛顿，就到苹果树下，这时也刚好掉下一颗苹果，砸到小董的头，你猜小董怎么说？

答案

都是人

把帽子挂在枪口上

眼中钉

用什么擦地最干净？

谁成天乐得合不拢嘴？

一个酒鬼看到一本书上写着酒对身体有害处，就立即做了个决定。请问他做出了一个什么决定？

什么人喜欢天天下雨？

答案

因为他是竖着将蚯蚓切成两段的

他养的是鸭

怕有人伤心

这个苹果熟了

一个人举起一根手指头问另一个人：“贝多芬为什么不用这根手指弹钢琴?”另一个人应怎么回答?

谁最喜欢添油加醋?

小芳的妈妈生了3个女孩，老大叫大丫，老二叫二丫，老三叫什么?

答案

用力擦地

弥勒佛

从此不再看书

雨伞制造商

孔子与孟子有何不同?

你知道上课睡觉有什么不好吗?

世界上的人可以分为几种?

有一天，警察眼见一个黑人小偷逃进一白人的宴会，追进去后却发现全是白人，为什么?

答案

这根手指不是贝多芬的

厨师

小芳

中学老师遇到什么事最头疼？

明星出入公共场所，最怕遇到什么事？

瞎子阿明，走到一处未加盖的下水道洞口前，为什么没失足掉进洞里？

什么人睡着了是最难叫醒的？

一天夜里刮起了狂风，这时一个桌子上总共有 12 支点燃的蜡烛，先被风吹灭了 3 根，不久又一阵风吹灭了 2 根，最后桌子上还剩几根蜡烛？

答案

孔子的子在左边，孟子的子在上面

没床上睡着舒服

两种，男人和女人

因为小偷的脸被吓白了

哪儿的海不产鱼?

什么贵重的东西最容易不翼而飞?

3个金叫“鑫”,3个水叫“淼”,3个人叫“众”,那么3个鬼应该叫什么?

世界上除了火车啥车最长?

答案

感冒

没人找他签名

他突然想起没拿手杖回去拿手杖了

假装睡着的人

5根,其他的烧完了

哪项比赛是往后跑的？

有一块天然的黑色的大理石，在九月七号这一天，把它扔到钱塘江里会有什么现象发生？

冰变成水最快的方法是什么？

冰

什么东西天气越热，它爬得越高？

答案

辞海

人造卫星

叫救命

塞车

什么东西在倒立之后会增加一半？

为什么人们要到市场去？

纸上写着某一份命令。但是，看懂此文字的人，却绝对不能宣读命令。请问纸上写的是什么呢？

一架空调器从楼上掉下来会变成啥器？

网在什么时候可以提水？

什么样的轮子只转不走？

答案

拔河比赛

沉到江底

去掉“冰”字的两点

温度计

地球上什么东西每天要走的距离最远？

铁放到外面要生锈，那金子呢？

在什么时候1 +2 不等于3？

制造日期与有效日期是同一天的产品是什么？

答案

数字6

因为市场不能来

因为纸上写着“不要念出此文”

凶器

当水变成冰的时候

风车的轮子

在一间房子里，有油灯，暖炉及壁炉。现在，想要将3个器具点燃，可是你只有一根火柴。请问首先应该点哪一样？

为什么飞机飞这么高都撞不到星星呢？

报纸上登的消息不一定百分之百是真的，但什么消息绝对假不了？

盖楼要从第几层开始盖？

答案

地球，地球每天自转一周有400万公里

被偷走

算错的时候

日报

为什么有家医院从不给人看病？

数字 0 到 1 之间加一个什么符号，才能使这个数比 0 大，而比 1 小呢？

一张方桌锯掉一个角，还有几个角？

把 24 个人按 5 人排列，排成 6 行，该怎样排？

答案

火柴

因为星星会闪

日期

从地基开始

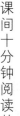

人们会心甘情愿买的假东西是什么？

什么东西越洗越脏？

小明新买的袜子就有一个洞，他却不去找售货员换，你知道为什么吗？

什么人的脚印比脚小？

答案

因为是家兽医院

在中间加小数点

5个角

排成正六边形

什么水永远用不完？

书店里买不到什么书？

什么帽不能戴？

汽车在右转弯时，哪一个轮胎不转？

答案

假发或假牙

水

因为这是袜口

穿高跟鞋的人

打什么东西，不必花力气？

有一个字，人人见了都会念错。这是什么字？

放大镜不能放大的东西是什么？

什么时候太阳会从西边出来？

答案

泪水

遗书

螺帽

备用轮胎

黑头发有什么好处?

世界上有什么东西以近2000公里/小时的速度载着人奔驰，而且不必加油或其他燃料?

家有家规，国有国规，那动物园里有什么规呢?

答案

打瞌睡

“错”字

角度

发誓的时候

老大和老幺之间隔着三兄弟，虽是同年同月同日生，却一点也不相像，为什么？

借什么可以不还？

有一样东西，你只能用左手拿它，右手却拿不到，这是什么东西？

答案

不怕被晒黑

地球

乌龟

一个盒子有几个边？

火车由北京到上海需要 6 个小时，行驶 3 个小时后，火车在哪儿？

什么水一到时间就得按计划发放？

铁锤锤鸡蛋为什么锤不破？

把火熄灭最快的方法是什么？

什么酒不能喝？

答案

因为他们是手指头

借光

右手

1，2，3 所能组成的最大数是多少？

哪一个月有28天？

什么车子寸步难行？

什么人始终不敢洗澡？

答案

两边，里边和外边

铁轨上

薪水

破的是鸡蛋

“火”字上加一横

碘酒

鸡蛋壳有什么用处？

有一种路虽然四通八达，但就是不能走人，是什么路？

太阳和月亮在一起是哪一天？

哪种比赛，赢的得不到奖品，输的却有奖品？

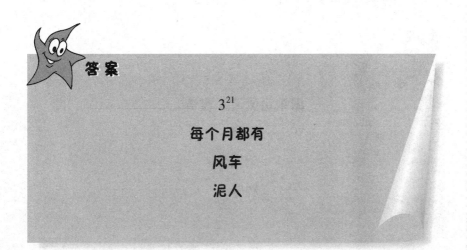

答案

3^{21}

每个月都有

风车

泥人

爸爸买了一支笔，却不能写字，为什么？

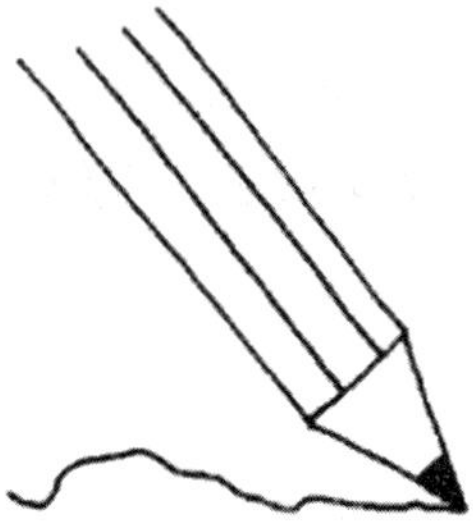

有种船从来没下过水，为什么还是船？

医治晕车的最好办法是什么？

有一个人被从几千米的高空掉下来的东西砸在头上，却没有受伤，为什么？

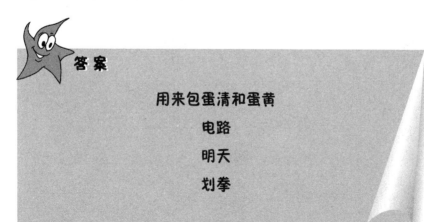

答案

用来包蛋清和蛋黄

电路

明天

划拳

最坚固的锁怕什么？

马亚买了新音响，电源开了录音带也放了，为什么没有声音呢？

什么样的井让人害怕？

怎样才能日行300里？

答案

爸爸买的是电笔

宇宙飞船

走路

因为掉下来的是雪花

“先天”是指父母的遗传，那“后天”是什么？

太平洋的正中间是什么？

有半瓶酒，瓶口用软木塞塞住，不准敲碎瓶子，不准拔去木塞，不准在塞子上钻孔，怎样才能喝到瓶子里的酒？

答案

钥匙

停电了

陷阱

站在赤道上不动

满满一瓶牛奶，怎么才能先喝到瓶底的部分？

什么书中毛病最多？

什么布剪不断？

8 个数字“8”，如何使它等于 1000？

什么东西晚上才生出尾巴呢？

什么情况下东西最难找？

答案

明天的明天

“平”字

把木塞推进瓶子

在一片森林里住着老少两人，老者每逢星期一、二、三就只说谎话，少者每逢星期四、五、六也只说谎话，其他时间他们都说真话。有一天小明走进森林迷了路，恰好碰到了那两个人。他知道他们说谎话的日子，因此他想，要问路就要先搞清当天是星期几，如果是星期一、二、三就不问老者，如果是星期四、五、六就不问少者，如果是星期天，当然问谁都可以了。当小明问他们的时候，他们都回答说：“昨天是我说谎的日子。”你知道当天是星期几吗？

答案

用吸管

医书

瀑布

8 +8 +8 +88 +888

彗星

迷路时

电和闪电最大的区别是什么？

世界上最难的一道题是哪道题？

什么东西满屋走，但碰不着物件？

什么东西裂开之后，用精密的仪器也找不到裂纹？

闭着眼睛也看得见的东西是什么？

答案

星期四

为什么爷爷送给小明一份生日礼物，小明却一脚把礼物踢开？

为什么自由女神像老站在纽约港？

画一个圆圈，这个圆圈画在哪里我们永远也跳不进去？

什么桥下没水？

答案

一个收费，一个不收费

这道题

声音

感情

梦

有7个环，环环相扣成一条直线，7环只可破坏其中一个，每次只能取走一个环，每次不能多拿，也不可少拿，要求分别拿7次，怎样才能将7环分别取走？

三兄弟中，虽然我跑得最慢，但如果没有我，他们俩也不知道跑了多少圈。猜猜看，我是什么？

用什么可以解开所有的谜？

刮风的晚上，停电了，晓晓上床睡觉时忘了吹蜡烛，第二天醒来时，蜡烛居然还有很长一支没被燃完，怎么回事呢？

答案

爷爷的礼物是足球

因为她坐不下去

画自己身上

立交桥

请在括号内填一个数，使下面的式子能成立：98765432×（　）=888888888。

兵强马壮的城市是哪里？

风平浪静的城市是哪里？

有一种东西，上升的时候同时会下降，下降的时候同时会上升，这是什么？

答案

破坏第三个

时针

谜底

蜡烛被风吹灭了

什么球离你最近？

什么鸡从不下蛋？

什么池子里不能洗澡啊？

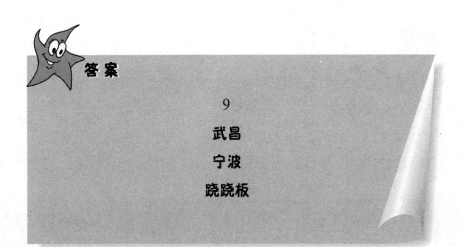

什么桶永远装不满水？

答案

9

武昌

宁波

跷跷板

怎么用两个硬币遮住一面镜子？

什么票最值钱也最不值钱？

人能登上珠穆朗玛峰，有一个地方却永远登不上。那是什么地方？

答案

地球

飞机

电池

马桶

什么东西可以尽情吃，不用花钱买？

能容纳所有景物的球是什么球？

地球以外是什么？

一堆沙加一堆沙等于多少堆沙？

答案

把眼睛遮住

股票

自己的头顶

加热会凝固的东西是什么？

哪一个字永远写不好？

什么东西只能加不能减？

有什么办法能使眉毛长在眼睛下面？

现在有二枚市面常用的硬币，面值共为六毛，其中有一枚不是一毛，请问二枚硬币面值各为多少？

答案

空气

眼球

宇宙

还是一堆沙

往一个篮子里放鸡蛋，假定篮子里的鸡蛋数目每分钟增加1倍，这样，12分钟后，篮子满了。那么，请问在什么时候是半篮子鸡蛋？

电单车时速80公里，向北行驶。有时速20公里的东风，请问电单车的烟朝那个方向吹？

穿奇装异服的人最让谁头疼？

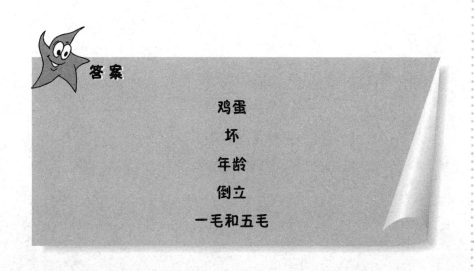

答案

鸡蛋

坏

年龄

倒立

一毛和五毛

麦当劳和肯德基谁比较大？

大灰狼进了3只小猪的房子，但它却不敢咬它们，为什么？

太阳爸爸和太阳妈妈生了个太阳儿子，我们应该说什么祝贺词恭喜他们？

答案

11分钟的时候

电单车没有烟

裁缝

一个数字若去掉前面第一个数字是13，若去掉最后一个数字为40，请问原数是多少?

船边挂着软梯，离海面2米，海水每小时上涨半米，几个小时海水能淹没软梯?

什么雨可以淋死人?

哪个数字最勤劳？哪个数字最懒?

请问世界上最小的岛是什么岛?

答案

肯德基（肯德基是爷爷，麦当劳是叔叔）

因为三只小猪都是瓷的

生日快乐

一只皮球和一个铁球从高楼上掉下来，谁先落地？

冲天炮为什么射不到星星？

生米煮成了熟饭该怎么办？

“笑”和“哭”有什么相同之处？

什么越冷越爱出来？

答案

四十三

水涨船高，所以永远不会淹没软梯。

枪林弹雨

二最勤劳，一最懒，因为“一不做二不休”

安全岛

A和C谁比较高呢?

什么东西既能吃饭又能喝水?

橡皮、老虎皮、狮子皮哪一个最不好?

为什么太阳天天都比人起得早?

答案

铁球

因为星星会闪

开饭啊

都是10画

鼻涕

什么海最危险？

天气冷的最高境界是什么？

什么花没有人会喜欢？

什么东西倒着放比正着放要好？

什么东西打碎后自然会和好？

什么光完全没有亮度？

答案

C比较高，因为ABCD（A比C低）

嘴巴

橡皮，因为橡皮擦（差）

因为人比太阳睡得晚

什么车可以不受交通规则限制横冲直撞？

有一个数字，去掉二变成十五，去掉五变成二十，去掉十变成二五。请问是什么数字？

什么东西放在火中不会燃，放在水中不会沉？

什么东西只有一只脚却能跑遍屋子的所有角落？

煮一个蛋要 4 分钟，煮 8 个蛋要几分钟？

什么东西不怕布，只怕石头？

答案

死海

把我们说出的话都冻住

泪花

“福”字

水面

时光

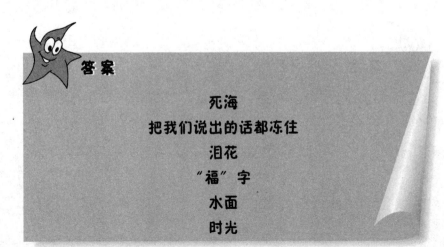

谁总是脱掉干衣换上湿衣?

房屋、宫殿、岩洞、大厦、牛棚，哪个词与众不同?

小明看书的时候，为什么不能把书签放在175页和176页之间?

答案

答案：碰碰车

25

冰块

扫帚

4分钟

剪刀

一艘 50 万吨的油轮沉没了，最先浮出水面的是什么？

什么地方能出生入死？

请问英语有多少个拼音字母？

世界上任何地方都找不出如此便宜的住所，是什么地方？

如果核战争爆发，你认为哪两个地方会人满为患？

答案

晾衣架

岩洞，其他是人工的

两页在一张纸上的正反面

可以天天躺在枕头上工作一辈子的是什么？

有一样的东西能托起50公斤的橡木，却容不下50公斤的沙，你知道是什么吗？

堂堂的中央图书馆，却没有明版的《康熙字典》，这是为什么？

在什么情况之下2/4和4/4不会约成最简分数？

有一间屋子的北边有肥料厂，南边有酒厂，它有项优点，你知道是什么吗？

答案

空气

医院

没有字母，中文才有字母

牢房

地狱和天堂

顺着往“基隆”的路标走，却跑到“桃园”去了，为什么？

3 支点燃的蜡烛搁在纸盒上，一阵风吹来，吹熄了一支，其余两支继续燃烧，最后会剩下几支蜡烛呢？

一个婴儿喝了牛奶之后，一星期重了 10 公斤，为什么？

答案

铁轨

水

康熙字典是清代编的

在乐谱上

一开窗就知道吹什么风

“失败乃成功之母”，那成功是失败的什么呢？

什么时候会看到最多的星星？

7 个好人和 3 个坏蛋同搭一艘渡轮，中途船翻了，7 个好人沉入水中淹死了，3 个坏蛋却很快就浮出水面，为什么？

答案

台风刚过，路标倒了

一支

因为婴儿是一头小牛

小庄终于考上台大，有天晚上在校园里，他竟然看到了一个死去多年的高中同学，为什么？

贝多芬给了我们什么样的启示？

日月潭的中间是什么？

20 世纪最出风头的超级巨星是哪一位？

什么数字减去一半等于零？

答案

反义词

撞到头时

蛋坏了才能浮出水面

一家洗衣店招牌写着“二十四小时交货”，今天小高拿去洗，为何老板说要3天后才能拿到？

中国的内地产什么？

二木不成林是什么字？

答案

他看到的是解剖台上的尸体

背了就会多分

“月”

海尔波普彗星，千年才见一次

“8”

什么地方恶人们不再干扰得你心烦意乱，而和你生活在一起？

怎样能让自行车和火车跑得一样快？

吃饭的时候最扫兴的是什么事情？

什么锅背回去却不能用来做饭？

什么东西只往前走不往后走？

答案

因为每天工作8小时

玉

相

大多数事情都是当局者迷，旁观者清，有一件事却刚好相反，请问是什么事？

什么东西看不到却可以摸到，万一摸不到会把人吓到？

针掉到大海里了怎么办呢？

答案

在天堂的时候

把自行车放在火车上

没饭吃

黑锅

时间

沙漠中最常见的东西是什么？

什么花可以看而不可以把握？

哪一件衣服最耐穿？

一只普通手表掉进大海里，会不会停？

答案

魔术表演

脉搏

再买一根针

世界上最牢固的琴是什么琴？

什么东西爱装玻璃，爱把鼻子当马骑？

岁数越来越大，身体越来越小，面貌日新月异，家家不可缺少是什么东西？

晚上不请自来，白天不翼而飞的是什么？

答案

沙

烟花

最不喜欢穿的那件

不会，它会一直沉下去

什么东西肥得快，瘦得更快?

一位高僧与屠夫同时去世，为什么屠夫比高僧先升天?

小偷最怕哪三个字母?

答案

钢琴

眼镜

日历

黑暗

除了动物园能看见长颈鹿，还有哪儿能看见？

A 和 B 可以互相转化，B 在沸水中可以生成 C，C 在空气中氧化成 D，D 有臭鸡蛋气味儿，请问 A、B、C、D 各是什么？

什么东西与别人分享后不会失去，反而会增加？

答案

气球

因为放下·屠刀立地成佛

I、C、U（I See You）

有位妈妈生了对连体婴儿，姐姐叫玛丽，请问妹妹叫什么？

红豆的孩子叫什么？

那种动物最没方向感？

A、B、C、D……26 个字母，如果 E、T 走了，请问还剩下多少个？

答案

考场

A **是鸡**，B **是鸡蛋**，C **是熟鸡蛋**，D **是臭鸡蛋**

你的快乐

什么牌子的车最讨厌别人摸？

有一只鲨鱼吃了一颗绿豆，结果它变成了什么？

丹丹是小狗的名字还是小老虎的名字？

布和纸各怕什么？

答案

梦露，因为玛丽莲·梦露

南国，因为“红豆生南国”

麋鹿（迷路）

21个，因为ET开走了UFO

后脑勺受伤的人怎么睡觉？

法国国王路易十四被砍头后，他的儿子当了什么？

装模作样的人成功的途径是什么？

小明天天吃口香糖，可别人还说他口臭，为什么？

答案

宝马，BMW 即别摸我

绿豆沙

小狗的名字，因为虎视眈眈

不（布）怕一万，只（纸）怕万一

有一个问题，不论你问到任何人，答案都是“没有”，请问是什么问题？

什么女人从来不洗头发？

什么门不能关？

中国哪个地方的东西最不便宜？

什么地方看到的月亮最大？

答案

闭上眼睛睡觉

孤儿

滥竽充数

他天天说脏话

老詹养了一只狗，并且从来不帮狗洗澡，为什么狗不会生跳蚤呢？

什么鞋子，你绝不会穿着它去逛街？

是自己的东西却一定要送给别人，不能留，请问是什么东西？

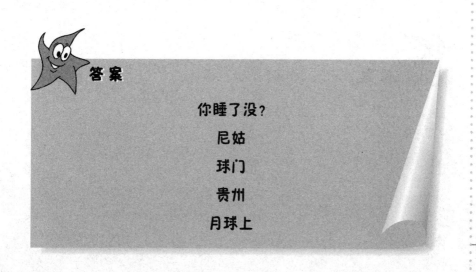

答案

你睡了没？

尼姑

球门

贵州

月球上

小明的眼睛近视度很深，但是戴了眼镜却仍然模糊，为什么？

有个男人站在时速 240 公里的列车顶上，虽然他不是一个会飞墙走壁的超人，但是，他仍然显得从容自如，毫不紧张，为什么？

答案

因为狗只能生小狗

溜冰鞋

信

哪一种飞弹可以用每小时30公里的超低速，并贴近地表2公尺左右的高度直扑目标而去，中途还可以90度急转弯？

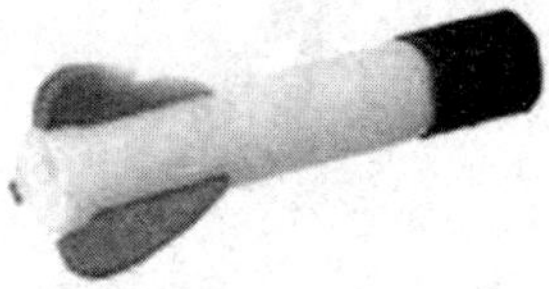

世界上什么样的海最大？

什么话是世界通用的？

答案

因为他戴了没有镜片的眼镜

因为火车还没开动

谁是世界上最有恒心的画家？

什么水永远取之不尽，用之不绝？

如何以最快的速度将不可能的事变成可能的事？

世界上的人身体哪一部分的颜色完全相同？

答案

载在车上的飞弹

苦海，苦海无边

电话

小张一直朝北走，走着走着，他又没有转身可是却走到了正南方，为什么？

什么枪可以把人打跑却又不会伤着人？

山城重庆的路是上坡多还是下坡多？

答案

爱化妆的女人

口水

将“不”字去掉

血液

为什么有的果树生长十几年也不接一个苹果？

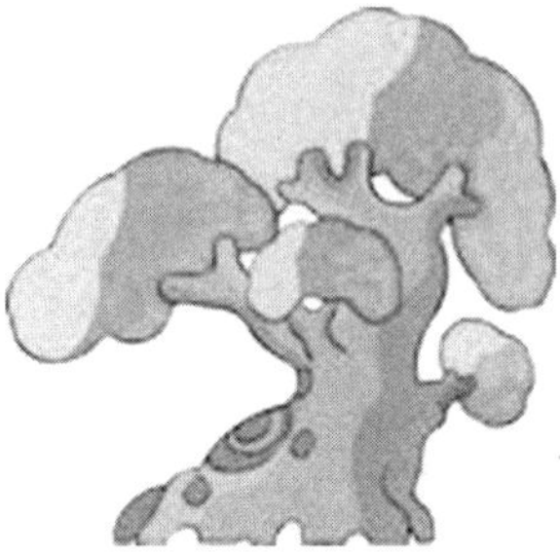

小红和小李互相吹牛，小红说她可以把整个世界吃下去，小李说了一句话胜过了小红，请问小李说了什么？

用 100 减去 10，最多能减多少次？

答案

因为他越过北极点向前走就是南方

发令枪

一样多

两只长约7厘米的红、黑螃蟹赛跑，谁会赢？

一加一等于什么？

妈妈把一头漂亮的长发剪短了，可是回到家里却没有人发现。为什么？

鱼缸里有8条鱼，死了两条，还有几条？

答案

因为不是苹果树

小李说：“我可以把你吃下去。”

1次，减了1次后就不再是“100－10”了小明在一场激烈枪战后，身中数弹，血流如注，然而他仍能精神百倍地回家吃饭，为什么？

有一天，一根火柴棒，它的头很痒，就去抓，头就烧起来了，然后被送去医院，从急诊室出来之后，猜猜它变成什么了？

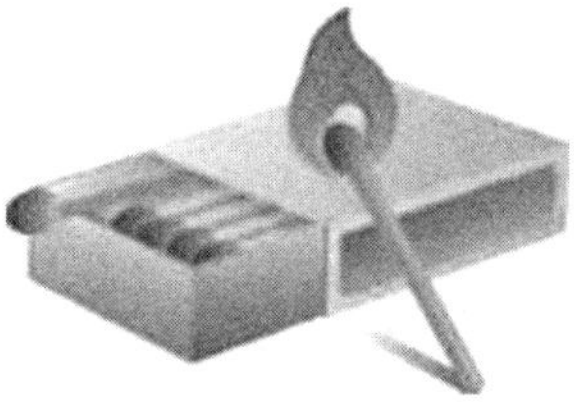

在船上见得最多的是什么？

答案

黑螃蟹，因为红螃蟹是煮熟了的

“王”

因为家里没人

8条

一对侨居意大利的中国夫妇，某天太太到市场买鸡胸，因为她不懂意大利语，只好学鸡叫，再指指自己的胸部，想买鸡脚便指自己的脚，老板看懂了；后来她想买香肠，却回家叫丈夫来，为什么？

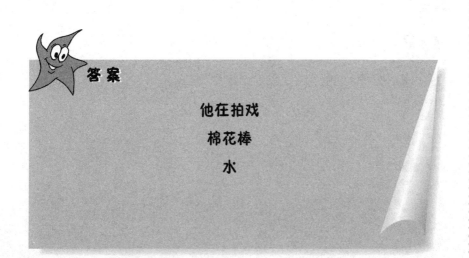

印度人为什么用手抓饭吃？

答案

他在拍戏

棉花棒

水

为什么说当作曲家不需要多大的智慧?

盒子里有4块蛋糕，4个小朋友，每人都分到一块，但盒子里还留下一块蛋糕，为什么?

有一个人头戴安全帽，上面绑着一把扇子，左手拿着电风扇，右手拿着水壶，脚穿溜冰鞋，请问他要去那里?

答案

因为丈夫懂意大利语

因为手比脚干净

地上的积水因太阳照射蒸发，会越来越少；什么地方的水太阳越强烈照射，水反而越来越多？

有一位年轻人流了 400 毫升的血，脸上却微笑着，一点事都没有，而且感觉很高兴？

为什么大家都喜欢坐着看电影？

小英子可以金鸡独立站半小时，为什么却没有办法双脚站在一张报纸上？

怎样开车才不容易撞坏车头？

答案

因为他只需认识 7 个数字就行

其中一个小朋友是把蛋糕连盒子一起拿走的

去精神病医院

灰姑娘的老爸老妈可能是谁?

地球有两处地方，昨天可以是今天，今天可以是明天，那地方是哪里?

永远都没有终结的事是什么?

答案

雪地

他是参加无偿献血

因为站着脚会酸

因为报纸贴在墙上

倒着开

为什么拿破仑的字典里没有一个“难”字？

老陈卖的明明是真药而不是假药，为什么会被判重刑？

什么动物在天上是4只脚，在地上是2只脚，在水里是3只脚？

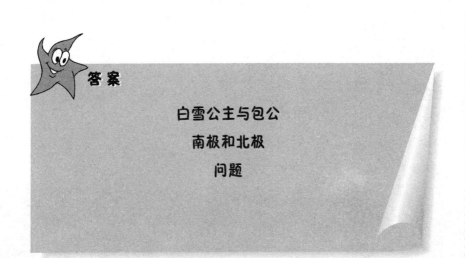

答案

白雪公主与包公

南极和北极

问题

在平衡的跷跷板两边各放一个西瓜和冰块，重量相等，如果就这样放着，最后，跷跷板会向哪个方向倾斜？

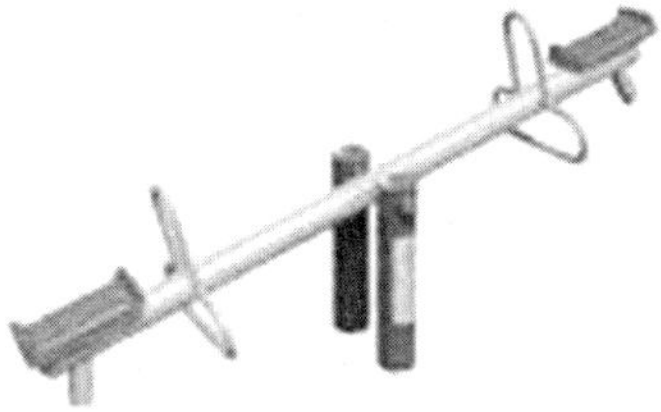

小刘是个很好的电工师傅，可他今天修好的灯却不亮，为什么？

蟑螂请蜈蚣和壁虎到家中作客，发现没有油了，蜈蚣要去买，却买了很久都没买回来，究竟发生了什么事？

答案

因为拿破仑的字典全是法文

因为他卖的是火药

怪物

一天，一块三分熟的牛排在街上走着，突然他在前方看到一块五分熟的牛排，却没有理会他。他们为什么没打招呼？

为什么多啦 A 梦一辈子都生活在黑暗中？

请问哪个门派的教徒不会撒谎啊？

答案

水平，因为冰化了、西瓜滚了

因为今天停电

蜈蚣还在门口穿鞋

白色的马叫白马，黑色的马叫黑马，黑白相间的马叫斑马，那么黑色白色红色相间的马叫什么马？

一个植物专家、一个原子弹专家和一个动物专家在一个热气球上。此时，热气球直线下降，必须扔掉一个科学家才能保证安全，请问最该扔哪一个？

答案

因为他们不熟

因为他伸手不见五指

全真教

百货公司里，有个秃头的推销员，正在促销生发水，你知道他为什么自己不用生发水吗？

有一个大烟鬼，一天深夜，烟吸光了，他一看烟灰盒里有7个烟头，每三个烟头可以卷一支烟，请问他还可以卷几支烟卷？

什么东西上去看不见，下来却像线？

有什么病的人不用看医生和打针吃药？

答案

害羞的斑马

扔掉最重的那个

一把11厘米长的尺子，可否只刻3个整数刻度，即可用于量出1到11厘米之间的任何整数厘米长的物品长度？如果可以，请问应刻哪几个刻度？

把一副拿去大、小王，还剩52张的扑克牌仔细洗好，然后分成各26张的A、B两堆。如果这样分上一万次，请问该有多少次A堆中的黑牌与B堆中的红牌相等？

答案

他想让大家知道秃头多么难看

三支

水

坏毛病

如果有一台车，小明是司机，小华坐在他右边，小花坐在他后面，请问这台车是谁的呢？

细菌靠生物而活，什么靠细菌而活呢？

有一个女生，她可以不洗澡、不换衣服，但她的衣服却是世界上最贵的，你知道她是谁吗？

什么东西是一样宝，垃圾桶里也能找到？

答案

可以，刻度可位于2，7，8处

全相等

爸爸什么时候像个孩子？

人在什么情况下会变得目中无人？

一只瞎了左眼的山羊，在它的左边放一块猪肉，在它的右边放一块猪肉，请问它会先吃哪一块？

答案

“如果”的

医生

自由女神

空气

一个侍者给客人上啤酒，一只苍蝇掉进杯子里面，侍者和客人都看见了，请问谁最倒霉？

病人对医生说：“医生，你把剪刀忘在我肚子里了。”请问医生的反应是什么？

提两桶水过独木桥时还得提什么呢？

答案

在爷爷面前的时候

眼睛瞎了的时候

都不吃，山羊吃素

蚂蚁、蜜蜂和蜈蚣，哪一种昆虫最不贪钱？

上化学课时，将氯化钡、硫酸铜、碳酸钙三样化学物质混合在一起，结果会怎么样？

此字不难猜，孔子猜三天，请问是什么字？

一只母猪带着9只小猪过河，背上背5只，嘴里叼3只，过河一算还是9只小猪，为什么？

什么库比粮库、弹药库还大？

答案

苍蝇

医生会说：“没关系，我还有。”

提精神

王大婶有3个儿子，这3个儿子又各有一个姐姐和妹妹，请问王大婶共有几个孩子？

什么东西在使用之前是干的，用完了以后是湿的，而且在使用的过程中还给人以沁人心脾的满足感？

第八届马拉松比赛第一个到达终点的是谁？

答案

蜈蚣，因为“无功不受禄”

一定会被老师修理

晶

母猪不会算算术

水库

老师给萨姆布置了一篇作文，题目是：什么是懒惰。萨姆用最简短的文字写下了这篇作文，他写的是什么？

人行走的时候，左右脚有什么不同？

什么人永远无忧无虑？

什么东西经常会来，但却从没真正来过？

洞里有5只老鼠在开会，一只猫跑去捉了一只，洞里还有几只？

答案

5个

茶袋

工作人员

你只要叫它的名字就会把它破坏，它是什么？

为什么老王家的马能吃掉老张家的象？

老高骑自行车骑了 10 公里，但周围的景物始终没有变化。为什么？

做什么事，一只眼开一只眼闭会比较好？

有个人想通过练拳击来减肥，结果反而变胖了，这是为什么？

答案

“这就是懒惰” 5 个字

一前一后

死人

明天

没有了，全吓跑了

答案

沉默

因为他们在下象棋

因为他骑的是室内健身车

射　击

脸被打肿了